池上彰のよくわかる 世界の宗教 仏教

著／池上 彰　編／こどもくらぶ

丸善出版

写真提供：浅草寺

はじめに

　「自分はなぜ生まれてきたのだろうか」「なんのために生きているのか」と考えたことはありませんか？　また、「死んだあとはどうなるのだろう」と考えて、こわくなったことはありませんか？　自分の肉親、友だちやかわいがっていたペットが亡くなってしまったこともあるかもしれません。「死んでしまっても、魂のようなものがどこかに存在しているにちがいない」と思う人もいるのではないでしょうか。

　多くの宗教は、人がどのように生きていけば、安心して幸せに生きていけるのか、「死」をおそれずに受けいれるにはどうしたらいいのかを考えたことから生まれました。

　また、宗教は自然とも深く結びついています。適度な雨と日光、そして大地が、作物を実らせます。自然は、人間が生きていくためになくてはならないものです。しかし、自然は同時に、洪水などの災害を引きおこし、一瞬にして生命をうばうものでもあります。そのため、世界のほとんどの地域の人びとは、はるか昔から自然に対する感謝とともにおそれの気持ちをいだいてきました。こうしたところからも、宗教が生まれたと考えられています。

　この本では、数ある宗教のなかから「仏教」を取りあげます。仏教はおもに南アジアから東南アジア、東アジアに広まり、信者の数が約4億人ともいわれている宗教です。日本にも信者がたくさんいます。

　左の写真は、東京の浅草寺の写真です。日本にお寺がたくさんあるのは、いうまでもなく、古くから仏教が広まっているからです。また、みなさんがお墓参りにいくのも、家に仏壇があるのも、私たちの生活に仏教が根づいていることを示しています。このように仏教は、日本人のくらしにとても大きな影響をおよぼしているのです。

　上の写真の建物は何だと思いますか？　実はこれは、タイのお寺の写真です。東京の浅草寺とくらべると、お寺のかたちがずいぶんちがっているのがわかりますね。お寺のかたちがちがうように、仏教のようすも、それぞれの国でずいぶんちがっているのです。

　仏教がどのように生まれ、国や民族を超えてアジアに広く伝わり、それぞれの土地の人びとに受けいれられるようになったのかなどを、いっしょに見ていきましょう。

　また、この本では、仏教のほかにも、インドの人口の約8割に信仰されているヒンドゥー教や、日本古来の神道についても紹介します。

　現在、世界には宗教が原因となって紛争がつづいている地域がたくさんありますが、宗教は、人の幸せをめざすものです。なぜ、宗教をめぐって不幸がおこるのでしょうか。そうしたことについても考えてみましょう。

もくじ

PART1　仏教を知ろう

仏教ってどんな宗教なの？……………………… 6
仏教における生命の考え方……………………… 16
バラモン教とヒンドゥー教……………………… 20
ヒンドゥー教に由来する仏教の神……………… 22

PART2　仏教の広がり

アジア各地へ広まったブッダの教え…………… 24
北へ伝わった大乗仏教…………………………… 26
仏教に由来する言葉……………………………… 30
南へ伝わった上座部仏教………………………… 34

PART3　日本の宗教についてもっと知ろう

日本独自の宗教　神道とは……………………… 42
日本人は宗教を気にしない？…………………… 44

全巻さくいん……………………………………… 46

PART 1 仏教を知ろう

仏教ってどんな宗教なの?

仏教はどこでどのようにして生まれたのでしょうか。そして、はじめに人びとに仏教を説いた「おしゃかさま」とはどのような人物だったのでしょうか。

おしゃかさまとは?

「おしゃかさま」は、昔、インドにいた人物です。本名を「ゴータマ・シッダールタ」といい、「ブッダ」ともよばれます。「ブッダ」とは、古代インドの言葉、サンスクリット語(梵語)で「真理にめざめた人」のことです。心の迷いがなくなって世のなかの真理を知ることを、仏教では「さとりをひらく」といい、ゴータマ・シッダールタは、さとりをひらいたのち、「ブッダ」とよばれるようになったのです。仏教は、このブッダが説いた教えです。

なお、この本では、おしゃかさまのことを「ブッダ」とよぶことにします。

次のページから、ブッダの生涯を見てみましょう。

ブッダの教えは東アジアに広まり、人びとに信仰されるようになった。写真はタイの仏像。

ブッダ 仏教が中国に伝わると、サンスクリット語の「ブッダ」は、漢字で「仏陀」と書かれるようになった。これが日本に伝わり、「ほとけ」とよばれるようになった。なお、「ほとけ」という言葉も、「ブッダ」と同様、ゴータマ・シッダールタ本人だけでなく、「さとりをひらいた人」をさすことがある。「さとりをひらいた人」が一般の人びとにも広まると、日本では、亡くなった人も「ほとけ」とよばれるようになった。

真理 ものごとの本質。永久に変わらない法則のこと。すべてのものや、できごとのありのままのすがたを意味する仏教の言葉。

PART 1 仏教を知ろう

王子として生まれ育ったブッダ

およそ紀元前5世紀ごろ、インド北部、ヒマラヤ山脈のふもとに、シャーキャ族（釈迦族）がおさめる**カピラバストゥ**という国がありました。ブッダは、この**釈迦族の国の王子として生まれた**ので、「おしゃかさま」とよばれるようになりました。

ブッダが生まれて7日で、母親のマーヤー（摩耶）は亡くなってしまいました。そのため、ブッダは、おばである、マーヤーの妹に育てられます。父親のスッドーダナ王（浄飯王）は、ブッダを立派な王に育てようと、あらゆる勉強を学ばせました。いつも高い服やかざりを身につけさせ、おいしいものを食べさせ、何不自由のない生活をさせました。日ざしが強くとても暑い日には、おつきの人がブッダに、ずっと日傘をかかげていました。このように若いころのブッダは、人もうらやむような生活をおくっていたのです。

やがて、16歳になったブッダは、ヤショーダラーという女性と結婚し、男の子をひとりもうけました。

ネパールにあるブッダの生まれた場所にはマーヤー堂がたてられている（上の写真）。その内部は遺跡として保存され（上の写真）、ブッダが生まれたとされる場所には、目じるしの石がおかれている（右の写真）。

カピラバストゥ カピラバストゥの正確な位置はまだわかっていない。インドとネパールの国境あたりといわれている。生まれたルンビニーは、インドとの国境に近いネパール南部にある。

釈迦族の国の王子として生まれた ブッダは4月8日に誕生したとされている。この日、日本各地のお寺では、ブッダの誕生を祝い「降誕会」や「花祭」がひらかれる。

真理を求めて出家したブッダ

ブッダは何不自由なくくらしていたにもかかわらず、さまざまななやみがありました。お城の外に出かけたときに老人や病人を見て、人はいつか若さや元気をうしなってしまい、やがてみんな死んでしまうのだとなやみました。そして、しだいに生きていること自体が苦痛ではないのか、なぜ人は生きるのかとなやみ、苦しみはじめたのです。

なやんだブッダは、しずかにたたずむ**出家者**を見て、自分も出家をして、自分のなやみについて深く考えようと決心しました。29歳のとき、王子の身分をすて、王宮を出て、出家したのです。そして、山林にこもって6年間の苦行に入ります。「苦行」とは、食べ物を何日間も食べなかったり、からだを痛めつけたりする苦しい修行をいいます。そのころのインドでは苦行によって、人生や世界の真実がわかるとされていたからです。

ブッダも、からだがすっかりやせほそるまで、苦行にうちこみました。しかし、いくら苦行をしてもなやみはなくなりません。そのためブッダは、苦行をしても真理を知ることはできないと思い、苦行をやめました。

苦行をおこなっていたころのブッダを想像してつくられた仏像（パキスタンのラホール博物館蔵）。　写真：鈴木革／アフロ

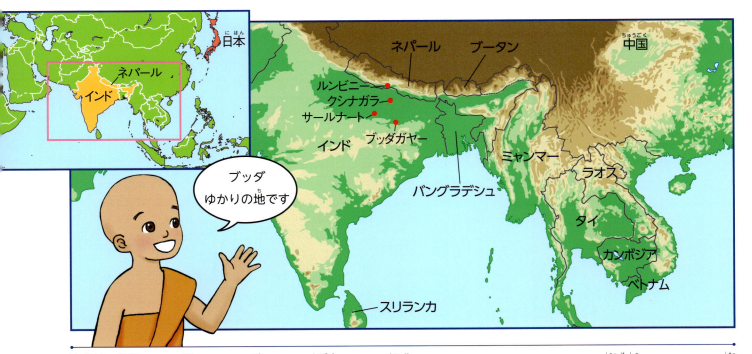

ブッダゆかりの地です

出家者　人生について考えるために、家をはなれて修行することを「出家」という。そのころのインドには、そうした「出家者」がたくさんいた。出家者は人びとのほどこしを受けながら、さまざまなつらい修行をする。そうした生活をしなければ、人生についての真理は得られないという考え方が古くからインドにはあった。

PART 1 仏教を知ろう

現在のサールナート。左の塔のところでブッダが人びとにはじめて教えを説いたといわれている。ブッダの死後たてられたお寺の遺跡があり、また、20世紀になってから日本やスリランカなど、アジア各国の信者や教団がたてたお寺もある。

教えを広める旅へ出たブッダ

苦 行をやめたブッダは、川の流れでからだをきよめ、ある村の娘にもらった乳がゆを食べて体力を回復し、インドのブッダガヤーにいきました。そこで、大きな菩提樹の下で座禅をくんで、**めい想**をしてくらしました。

そうしているうちに、ブッダは「さとり」をひらいたのです。35歳のときのことでした。

ブッダは、それからサールナートにいき、かつていっしょに苦行をした5人の仲間に、自分がさとったことについてはじめて**話をしました**。この話をきいた5人は共感し、ブッダの最初の弟子になりました。その後、ブッダは旅にでて、行く先ざきで教えを説きました。

あるとき、ブッダは1000人もの弟子をもつ3人兄弟の思想家と出あいます。ブッダの教えをきいて、あまりのすばらしさに、彼らもブッダの弟子になりました。そして、彼らの弟子たちも、ブッダの弟子となったといわれています。こうしてブッダの信者がたくさん生まれ、最初の**仏教教団**ができました。80歳で亡くなるまで、ブッダは教えを広める旅をつづけました。

仏教の4大聖地

つぎのインドとネパールにまたがる4つの場所は、ブッダとかかわりの深い場所として、仏教の聖地となっています。ブッダが生まれたルンビニー（ネパール）、さとりをひらいたブッダガヤー（インド）、さとりをひらいてからはじめて人びとに教えを説いたサールナート（インド）、亡くなったクシナガラ（インド）の4つです。これらの場所には、ブッダをたたえるお寺や塔がたてられ、今でも仏教徒たちが、世界中からおとずれています。

めい想 座禅をくんで気持ちを集中し、心をおちつかせること。
話をしました 「法（教え）」を輪にたとえ、輪がまわりはじめたという意味で「初転法輪」とよばれる。13ページ写真参照。
仏教教団 ブッダの教えを守る人びとの集まり。とくに、ブッダのように出家して修行をしようと考えた人は、髪の毛をそり「お坊さん（僧）」になった。

ブッダは何をさとったの?

「さとり」とは、「心の迷いがなくなって真理を知る」ということです。では、ブッダは何を知って、どんなさとりをひらいたのでしょうか。

まず、ブッダは、**すべてのものがつねに変化**しているために人間は苦しむのだと気づきました。人間はどんなに長生きをしたくても、すべての人は年を取って、いつかはかならず死んでしまいます。にもかかわらず、死をおそれて苦しむのです。また、自分の力では**どうしようもできないこと**が多いのに、どうにかしたいと思い苦しむのです。

ブッダは苦しみの原因になる「〜したい」という欲望（煩悩）をおさえることによって、苦しみやなやみから解放されると説きました。苦しみやなやみのない状態を、仏教では「**涅槃**」といいます。

欲望をおさえるためには、いくつかの「知恵」（→P12）が必要で、ブッダはこの知恵を得たことで「さとり」をひらいたと、仏教では信じられています。

ブッダが菩提樹の下に座り、さとりをひらいたといわれる、マハーボーディ寺院の裏の「金剛座」。

ブッダがさとりをひらいた、ブッダガヤーのマハーボーディ寺院。

変化 仏教の経典であるお経（→P24）には「諸行無常」という言葉で書かれている。
どうしようもできないこと このことを「諸法無我」という。
涅槃 この状態は「涅槃寂静」ともいわれる。

PART 1 仏教を知ろう

ブッダはなんと語ったの？

ブッダが生きていた紀元前5世紀ごろには、「バラモン教」（→P20）というさらに古くからある宗教が、すでにインドに広まっていました。実は、ブッダもバラモン教徒として育てられたのです。

バラモン教の社会では、「バラモン」という身分の人びとが権力をもっていて、自分たちをいちばん上とする「カースト制度」（→P20）とよばれる身分制度がありました。そのため、当時から、インドには貧富の差がはげしく、身分による差別もありました。

ブッダは、王子として生まれたにもかかわらず、どんな身分の人にも分けへだてなく教えを説きました。しかも、ブッダは、身分に関係なく、だれでも努力をすれば、「さとり」をひらくことができ、苦しみからのがれられると説いたのです。そうして、ブッダは、自分が知ったことや、正しく生きる知恵を人びとに伝えていきました。つぎのページからそのようすを見ていきましょう。

ブッダが教えを説いた「霊鷲山」。日本で古くからなじみのある「法華経（→P29）」などがここで説かれたといわれている。

ここはブッダが何度か滞在した竹林精舎のあとです。竹林精舎とは、当時中部インドに栄えていたマガダ国の城の北にあったお寺で、最初の仏教寺院なのです。

ブッダが弟子たちに説いた「知恵」って?

「因縁」の教え

ブッダは、この世界のすべてのものは、なんらかの要因や「縁」でつながっているといいました。

これは、たとえば、お父さんとお母さんが出あったから、私たちが生まれたというように、世のなかのありとあらゆるものは、おたがいかかわりあっていることを理解し、感謝して生きなければならないということです。

何ごとも「中道」がよい

ひどく自分の身を苦しめすぎるのでもなく、また、逆に、楽ばかりをしすぎるのでもない、対するそのふたつを超えたところ（中）にたって実践（道）しなさいと、ブッダはいっています。

自分と法をよりどころとしなさい

ブッダは寿命が近づいてくると、弟子たちにつぎのようにいいました。

「わが余命［のこされた命］は幾何も［もうあまり長く］ない。汝らを捨てて私は［苦しみのない世界へ］行くであろう。私は自己に帰依する［信仰する］ことをした。修行僧らよ、汝らは精励にして［つとめはげんで］正しく気をつけ、よく戒めを保ってあれ。思惟によって［深く考えて］よく心を統一し、おのが心を守れ。」

「この世で自らを島とし、自らをよりどころとし、……［中略］法をよりどころとし、他のものをよりどころとせずにあれ」（『ブッダ入門』中村元著、春秋社より。［ ］は編集部註。）

「私は自己に帰依することをした」とは、ブッダが真理に気づいた自分を信じたということ。つまり、あなたがたも自分がさとった真理を信じ、私が亡くなったあともそれをよりどころとして努力していきなさい、といっているのです。

竹林精舎（→P11）の池。

現在の金剛座は、このように黄金のさくでかこまれている（→P10）。

インド中部のサーンチー仏教遺跡。ドーム状のたてものは「ストゥーパ（仏塔）」といい、ブッダの骨の一部がまつられている。ブッダの死後、ブッダの骨は信者たちによって各地に分配された。

PART 1 仏教を知ろう

8つの正しいおこない（「八正道」）

ブッダは、人生の苦しみから解放されるためには、つぎの8つの正しいおこないをしなさいともいいました。

1. 「正見」……正しいものの見方をすること。
2. 「正思」……正しく思うこと（正しい心をもつことを心がけること）。
3. 「正語」……正しく言葉をつかうこと。
4. 「正業」……正しいおこないをして、戒律を守ること。
5. 「正命」……正しい生活をすること。
6. 「正精進」…正しく努力、修行すること。
7. 「正念」……正しく教えをおぼえて念じること。
8. 「正定」……正しくめい想（座禅）ができるようになること。

3つの宝と5つの戒律

ブッダは、つぎの3つのものをたいせつにしなさいといいました。

「仏」……ブッダのこと。
「法」……ブッダの教え。ものごとの真理。
「僧」……ブッダの教えを守って、さとりを得ようと努力するお坊さんや、その集まりのこと。

また、つぎの5つの戒律を守りなさいともいいました。

1. 「殺すなかれ」
   ……生きものを殺してはいけない。
2. 「盗むなかれ」
   ……ものを盗んではいけない。
3. 「邪淫をおこなうなかれ」
   ……不道徳な男女のまじわりをしてはいけない。
4. 「いつわりを語るなかれ」
   ……うそをついてはいけない。
5. 「酒を飲むなかれ」
   ……酒を飲み生活をくずしてはいけない。

ブッダが教えを説きはじめ、「法」の輪がまわりはじめたようすをあらわした「初転法輪像」がつくられた。その後も輪がよくまわり、教えがさらに広まるようにという願いもこめて、いろいろなところにつくられた。

たとえば、ブッダはうそをつかないと同時に、必要以上に相手におせじをいってはいけない、ともいっていました。

ブッダが語ったとされる言葉

つぎに、仏教のお経のなかから、ブッダが実際に語ったといわれる言葉を見てみましょう。
（『ブッダのことば　スッタニパータ』中村元訳、岩波文庫より。[　]は編集部註。）

■「慈しみ」

「究極の理想に通じた人が、この平安の境地に達してなすべきことは、次のとおりである。能力あり、直く[まっすぐで]、正しく、ことばやさしく、柔和で、思い上ることのない者であらねばならぬ。

足ることを知り[わずかなもので満足し]、わずかの食物で暮し、雑務少く、生活もまた簡素であり、諸々の感官[からだの器官]が静まり、聡明で、高ぶることなく、諸々の（ひとの）家で貪る[盗んだり、ねだったりという]ことがない。

他の識者の非難を受けるような下劣な行いを、決してしてはならない。[人間だけでなく]一切の生きとし生けるものは、幸福であれ、安穏であれ、安楽であれ。

いかなる生物生類であっても、怯えているものでも強剛なものでも、[中略]すでに生まれたものでも、これから生まれようと欲するものでも、一切の生きとし生けるものは、幸せであれ。

何びとも他人を欺いてはならない。たといどこにあっても他人を軽んじてはならない。悩まそうとして怒りの想いをいだいて互いに他人に苦痛を与えることを望んではならない。

あたかも、母が己が独り子を命を賭けても護るように、そのように一切の生きとし生けるものどもに対しても、無量の[かぎりない]（慈しみの）こころを起すべし。

また、全世界に対して無量の慈しみの意を起すべし。上に、下に、また横に、障害なく怨みなく敵意なき（慈しみを行うべし）。

立ちつつも、歩みつつも、坐しつつも[すわっていても]、臥しつつも[横になっていても]、眠らないでいる限りは、この（慈しみの）心づかいをしっかりとたもて。この世では、この状態を崇高な境地と呼ぶ。

諸々の邪まな見解にとらわれず、戒を保ち、見るはたらき[ものごとが正しいか間違っているかを見ぬく直感]を具えて、諸々の欲望に関する貪りを除いた人は、**決して再び母胎に宿ることがない**であろう。」

決して再び母胎に宿ることがない　もう二度と生まれかわることがないということ。仏教では生命は生まれかわるものと信じられているが、生きていること自体が苦しみと考えられているため、生まれかわらないことが理想とされている。くわしくは17ページ参照。

PART 1　仏教を知ろう

■武器をとること

「殺そうと争闘する人々を見よ。武器を執って打とうとしたことから恐怖が生じたのである。わたくしがぞっとしてそれを厭い離れたその衝撃を宣べよう［話そう］。

水の少ないところにいる魚のように、人々が慄えているのを見て、また人々が相互に抗争しているのを見て、わたくしに恐怖が起った。

世界はどこも堅実ではない［どこにも真理がない］。どの方角でもすべて動揺している。わたくしは自分のよるべき住所を求めたのであるが、すでに（死や苦しみなどに）とりつかれていないところを見つけなかった［見つけられなかった］。……［中略］

またわたくしはその［生きとし生けるものたちの］心の中に見がたき煩悩の矢が潜んでいるのを見た。

この（煩悩の）矢に貫かれた者は、あらゆる方角をかけめぐる。この矢を引き抜いたならば、（あちこちを）駈けめぐることもなく、沈むこともない。……［中略］

聖者は誠実であれ。傲慢でなく［おごって人を見くだすことなく］、詐りなく、悪口を言わず、怒ることなく、邪な貪りと慳み［何かをおしむこと］とを超えよ。

安らぎを心がける人は、眠りとものぐさとふさぎこむ心とにうち勝て。怠惰［なまける心］を宿らせてはならぬ。高慢な［おごった］態度をとるな。

虚言をつくように誘き込まれるな。美しいすがたに愛著［こだわる心］を起すな。また慢心［おごった心］を知りつくしてなくすようにせよ。粗暴［乱暴］になることなく、ふるまえ。……［中略］

［聖者は自分が］劣った者のうちにいるとも、勝れた者のうちにいるとも言わない［自分のことをおとっているとも、すぐれているとも言わない］。［中略］

［聖者は］慳みを離れ、取ることもなく捨てることもない［何事にもこだわることがない］。

「～したい」という「煩悩（→P10）」があるから、争いがおこるとブッダは考えたんだね。

争いをなくすためには、みんなが「煩悩」をなくすように努力したり、うそをつかずに誠実でありなさいともいっているね。

仏教における生命の考え方

仏教には、命についての伝統的な考え方があります。
すべての生き物は、生まれかわることを
くりかえしているというものです。

生命の輪

ブッダが生まれたころ、インドにはすでに、「輪廻」とよばれる考え方がありました。輪廻とは、簡単にいえば、つぎのような考え方です。

> 人間をふくめたすべての生き物は、死んでも、ふたたび別の人間や生き物に生まれかわり、永遠にそれをくりかえす。つまり、私たちは、いまは人間だが、死ぬと、つぎはイヌやネコに生まれかわるかもしれない。いままでもそれをずっとくりかえしてきたし、これからもくりかえす。このくりかえしが「輪」のようになっていることから、「輪廻」とよばれる。

これは、バラモン教から受けつがれた考え方です。バラモン教をもとにして生まれた、仏教やヒンドゥー教（→P21）でも、この「輪廻」が、命や世界についての基本的な考え方になっています。また、この考え方にしたがえば、この世で正しいおこないをして正しく生きれば、来世（つぎの世）では、もっとよい生涯をおくることができるとされています。反対に、悪いことをして悪い生き方をしていると、来世には悪い人生になったり、人間以外の生き物に生まれかわったりするとされています。

六道

- **天道（天上）**：生前もっともよいおこないをした者が生まれかわるとされている、人間道の上にある清らかな世界。
- **人間道**：人間の住んでいる世界。
- **修羅道**：インド神話にでてくる戦いの好きな、阿修羅がいる、怒りや争いがつねに絶えない世界。ここに生まれかわると戦いにあけくれ、命をおとすとされている。
- **畜生道**：けものや鳥、虫などの世界。きびしい弱肉強食の世界で、生前にほどこしをたくさん受けたのに何もあたえなかった者がこの世界に生まれかわるとされている。
- **地獄道**：生前に罪をおかした者が死後に苦しみを受ける世界。鬼が罰をくわえるとされている。
- **餓鬼道**：飢えと渇きに苦しむ世界。生前に、欲ばって悪いことをした者は、この世界に生まれかわるとされている。

*六道の解釈は、時代や地域、宗派によってことなる場合がある。

PART 1　仏教を知ろう

ブッダが亡くなったクシナガラには「涅槃堂」とよばれる寺院がある。涅槃堂のなかには、写真のような横たわった仏像がある。仏教では死ぬことを「涅槃に入る」といい、写真のような仏像は「涅槃仏」とよばれる。

写真：Alamy／アフロ

「さとり」をひらく＝輪廻からぬけだす

仏教では、生きていること自体を苦しみと考えるため、生まれかわりつづけることは、同時に苦しみつづけることにもなるのです。また、人間以外の動物に生まれかわるのは、さらにつらいことだとされています。けれども、「さとり」をひらくことで、輪廻からぬけだすことができると、仏教では考えられています。

輪廻からぬけだすことを「解脱」といい、解脱すると、ふたたび生まれかわることはないとされています。

ブッダはさとりをひらいたので、もう生まれかわることはなく、永遠の苦しみからのがれることができた、と考えられています。

涅槃堂にはアジア各国からたくさんの仏教徒たちがお参りにきている。

「神」「如来」「菩薩」

ここで、「世界三大宗教」とよばれる、キリスト教、イスラム教、仏教をくらべながら、各宗教の「神」について考えてみましょう。

キリスト教やイスラム教では、「この世をつくりだした唯一の神がいる」と考えます。ところが、仏教では神はひとりではなく、大勢います。それはインドの人びとのあいだで古くから信じられていた神がみが、仏教の世界に取りいれられて、「守護神」になったからです。「天」のつく帝釈天や毘沙門天などが、仏教における神です（→P22）。これらは、あくまでブッダの教えを守る神がみで、キリスト教やイスラム教などの神とは、まったく異なります。

では、お寺にいくとよく見かける、阿弥陀如来や観音（観世音）菩薩は、どういう存在なのでしょうか。

鎌倉の大仏。正式には阿弥陀如来坐像という。

神奈川県鎌倉市にある長谷寺の本尊、十一面観世音菩薩像。高さは9.18mあり、木造では日本最大級。　写真：長谷寺

「如来」は、「ブッダ」や「ほとけ」とおなじ意味でつかわれています。ブッダが亡くなったあと、信者たちが、ブッダ以外にも、さとりをひらいた人がいるはずだと、いろいろな「ほとけ」（→P6）を考えました。阿弥陀如来もそのうちのひとりです。

一方、「菩薩」は、さとりをひらく前の、修行中の人をさします。もともとは来世で解脱をして「ほとけ」になることが決まっている人のことをさしましたが、その後、「さとりをひらいていながら、解脱をしないでこの世にとどまり、人びとを救おうと努力している人」という意味でもつかわれるようになりました。

写真：鎌倉市観光協会／高徳院

PART 1 仏教を知ろう

京都府宇治市にある平等院鳳凰堂は、大乗仏教（→P24）の教典『観無量寿経』のとく極楽浄土をあらわし、約1000年前にたてられた。たてられた当時は、朱色や深緑などの極彩色だったという。

写真：平等院

極楽と地獄

つぎに、世界三大宗教における、それぞれの死後の世界について見てみましょう。

キリスト教やイスラム教では、人間は死ぬと、神から「最後の審判」を受け、天国と地獄のどちらかにいくか決められるといわれています。仏教にも、こうした天国や地獄に似た考え方があります。

仏教では、生き物はすべて天上、修羅道、畜生道、地獄道、餓鬼道、人間道の「六道」（→P16）をくりかえす「輪廻」（→P16）なかで生きていると考えられています。さらにその世界のなかでは、人が現世（この世）でよいおこないをたくさんしていれば、来世（つぎの世）には「天上」に生まれかわることができ、一方、悪いことばかりをしていると「地獄道」に生まれかわると考えられています。

しかし、この「天上」も「地獄道」のどちらに生まれかわっても、やがてはそこからぬけでて、また別の世界に生まれかわり、輪廻をくりかえすことになります。

これに対して、輪廻から解脱した人は、もう生まれかわることなく、「極楽浄土」という苦しみのない世界で、永遠にくらすことができるといわれています。

キリスト教やイスラム教には、「生まれかわる」という考え方はなく、人間は最後の審判を受けて「天国」か「地獄」にいくことが決められたら、永遠にそのどちらかでくらしつづけることになります。したがって、キリスト教やイスラム教の天国を仏教にあてはめると、天上ではなく、極楽浄土ということになります。

バラモン教とヒンドゥー教

ここでは、仏教と関係の深い、バラモン教とヒンドゥー教について見てみましょう。

インドのヴァラナシ（ベナレス）にある沐浴場（水でからだを洗い清める場所）。バラモン教やヒンドゥー教では、ここを流れるガンガー（ガンジス川）を聖なる川としている。ガンガーの岸辺で亡くなり、その遺骨や灰を川に流されることは、バラモン教徒やヒンドゥー教徒にとってこの上ないしあわせとされてきた。

バラモン教って？

紀元前1400〜紀元前1200年ごろ、いまのインドの地に、北西からアーリア人とよばれる民族が攻めてきました。その人びとがはじめた宗教がバラモン教です。水、太陽、風など自然や自然現象を、それぞれ神としてうやまう多神教（たくさん神がいる宗教）で、「ヴェーダ」という経典があります。

バラモン教では、さまざまな儀式がおこなわれます。儀式をとりしきることができるのは、「バラモン」とよばれる司祭階級だけです。そのため、バラモンたちが力をもち、バラモンをいちばん上とする身分制度がつくりあげられました。これが「カースト制度」とよばれる身分制度となりました。

カースト インドの社会集団のこと。生まれによって上からバラモン、クシャトリア（王族）、バイシャ（一般の人びと）、シュードラ（奴隷）の、4つに分けられる。時がたつとともにさまざまな集団ができ、集団のなかでもさらにこまかく分かれていった。カーストは血統で決まり、自分では選ぶことができない。また、原則的におなじ集団出身以外と結婚してはならないなど、いろいろとこまかい決まりがある。

ヒンドゥー教って？

インドには、アーリア人が攻めてきて、バラモン教をはじめる以前から、もともとインドにいた人びとが信じる宗教がいくつもありました。そこにバラモン教がくわわったのです。そして、もとからあった宗教と、バラモン教がしだいにまざりあい、4世紀ごろには、「ヒンドゥー教」ができました。

ヒンドゥー教の聖地のひとつ、プシュカル湖で、くんだ水をあびながら、祈りをささげるヒンドゥー教徒。プシュカルはバラモンが大勢住むことでも知られている。

ヒンドゥー教は、キリスト教や仏教やイスラム教のように、だれかによってはじめられた宗教ではなく、その土地や風土によって自然に生まれた宗教だと考えられています。バラモン教とおなじく多神教で、自然現象を神としてうやまいます。

神がみのなかでもとくに、世界をつくる「ブラフマー神」と世界をたもつ「ヴィシュヌ神」、そして、世界を破壊する「シヴァ神」が、たくさんの人びとに信仰されています。

というのは、ヒンドゥー教では、自分の好みで信じる神を決めてよいことになっていて、そのなかでもとくに、ヴィシュヌ神とシヴァ神が、人びとの人気を集めているのです。

また、ヒンドゥー教でもバラモン教の輪廻の思想やカースト制度が受けつがれています。

なお、仏教はインドで生まれましたが、現在インドでは、仏教よりもヒンドゥー教を信じる人のほうが多くなり、国民の約8割をしめています（→下コラム）。

インドの仏教はそれからどうなったの？

ブッダが亡くなったあと、仏教はしだいにヒンドゥー教とまざりあって発展しました。仏教教団はヒンドゥー教を受けいれつつ、ブッダの教えを語りついでいったのです。

ところが、13世紀になると、北西方からイスラム教の勢力がインドに入ってきて、仏教寺院やヒンドゥー教の寺院を破壊しました。

よりどころを失ってしまった仏教は、ヒンドゥー教に吸収されていきました。そうして、ついに仏教はインドからはほとんどすがたを消してしまったのです。

それから約700年ほどたった1950年代、インドでは、とつぜん仏教復興運動がおこりました。

これは、カースト制度のなかの低い身分の人びとからはじまった運動です。ビームラーオ・アンベートカルという人が、きびしいカースト制度をもつヒンドゥー教をすて、平等を説く仏教へ改宗するように、人びとにうったえました。

すると、これをきっかけに、多くの人が仏教に改宗していきました。その人びとは、「新仏教徒」とよばれ、現在ではインドに約800万人の新仏教徒がいるといわれています。

ヒンドゥー教に由来する仏教の神

仏教とヒンドゥー教がまざりあった結果、
時がたつとヒンドゥー教の神がみは仏教に取りいれられていきました。

ヒンドゥー教の神も仏教へ

ヒンドゥー教の神さまが、仏教に取りいれられ仏教の神さまになっています。左側の写真の神がヒンドゥー教のもともとの神さま、右側がその神さまが仏教に取りいれられたすがたです。なかには、みなさんもきいたことがある神さまもいるのではないでしょうか。その一部を紹介します。

ブラフマー神　　梵天

ブラフマーは、ヒンドゥー教で最高神とされている神。仏教に取りいれられて中国に伝わり、「梵天」とよばれるようになった。仏教では、仏教を守る神とされている。
時がたつうちに、さとりをひらいたけれど、自分の得た知識は説明がむずかしく、人びとに説いてもわかってもらえないだろうと思っていたブッダを梵天と帝釈天が、「どうか人びとに教えを説いてください」と説得した話も加えられるようになった。

シヴァ神　　大黒天

シヴァ神は、宇宙を破壊するとともに創造をする神で、いまも多くのヒンドゥー教徒に信仰されている。ヒンドゥー教の神がみは、さまざまなすがたに変身するため、たくさんのすがたや別名をもっている。仏教にシヴァ神が取りいれられたときにも、さまざまなすがたのシヴァ神が取りいれられた。「大自在天」をはじめとして、「大黒さま」とよばれて親しまれている「大黒天」、「お不動さん」とよばれる「不動明王」「千手観音」などはすべて、もとをたどるとシヴァ神に由来するといわれている。

ラクシュミー

吉祥天(きっしょうてん)

ヒンドゥー教では、ヴィシュヌ神の妻はラクシュミー女神だとされている。インドでは、古くから幸福をつかさどる神として信じられてきた。仏教でも早くから取りいれられ、サンスクリット語の「シュリー・マハーデーヴィー」が中国で「大吉祥天女(吉祥天)」と訳された。「吉祥」とは「幸福」という意味である。

サラスヴァティー

弁才天(べんざいてん)

インドでは、川は人びとの生活にとても大切なもので、川自体を神さまとして信仰する伝統がある。サラスヴァティーという名も、昔インドにあった川で、女神とされている。川の流れる音は、音楽や、言葉をすらすらと話すことに通じることから、音楽や弁才(言葉を語る才能)の神となった。そして、時がたつとともに、学問や幸運、財宝などをさずける神にもなっていった。仏教に取りいれられたさいにも、そうした性格が受けつがれ、名前も「弁才天」とされた。サラスヴァティーも弁才天も、手に楽器をもっているすがたであらわされることが多い。

インドラ

帝釈天(たいしゃくてん)

古代インドの人びとは、天空を「インドラ」という神としてあがめた。雨を降らして雷をならすのもインドラの意思と考えられた。さらに時がたつと、戦いの神とされるようになっていった。
仏教には「帝釈天」という名で取りいれられた。手下の神がみに、世のなかのようすをさぐらせ、悪いことをするものがいないか見はっているといわれている。

PART 2 仏教の広がり

アジア各地へ広まったブッダの教え

多くの人がブッダの教えに共鳴したため、弟子たちはどんどんふえました。
ブッダが亡くなると、弟子たちがブッダにかわって、
仏教をどんどん広めていきました。

「ブッダの教えにかえれ」

ブッダの弟子たちは、教えを暗記して語りついでいました。しかし、ブッダが亡くなると、弟子たちは、教えが正確に伝わらなくなることをおそれ、集まって教えの内容をたしかめあい、本にまとめることにしました。それが『仏典』、すなわち、**お経**です。

ところが、ブッダが亡くなって200年、300年とたつうちに、仏教はだんだんとかわっていきました。

ブッダとおなじように、出家して仏教の教えを学ぼうとする人を「僧(お坊さん)」といいますが、そのころには、むずかしい哲学的なことを議論したり、研究書をまとめたりする僧があらわれました。

彼らに対して、仏教教団を支えていたお金持ちや商人などは、そうしたことはブッダ本来の教えではないとして、「ブッダの教えにかえれ」という運動をおこしたのです。

出典:「詳説 世界史」山川出版社より作成

矢印は仏教が伝わった道筋です。

お経 これらのお経は古代インドの言葉、サンスクリット語で書かれた。

PART 2　仏教の広がり

写真は中国、パキスタンと国境を接するインド・ラダック地方を走るバス。赤い「袈裟」(→P30)を着た僧のすがたも見える。ラダックでは、チベットで発展したチベット仏教がいまでも信じられている。

運動家たちは、やがて自分たちの考えをあらわすために、新しいお経をつぎつぎとつくりはじめました。このときつくられたものが、「般若経」「法華経」「阿弥陀経」などです。

彼らは、自分たちの新しい仏教運動を「すべての人を乗せて救うことができる偉大な教え」という意味で「大乗」とよんで、それまでの仏教（上座部仏教）を「かぎられた出家者だけの小さな乗りもの」という意味で、小乗仏教とよび、批判しました。

大乗仏教は、インドから中央アジアをへて中国に入り、中国で独自の発展をとげたあと、朝鮮半島と日本に伝わりました。一方、上座部仏教は、南アジアや東南アジアに伝わっていきました。

日本に伝わった大乗仏教と、東南アジアに伝わっていった上座部仏教とでは、「おなじ仏教なのだろうか」と思わせるほど、ちがっていきました。

つぎのページから大乗仏教、34ページからは上座部仏教について見ていきましょう。

大乗仏教と上座部仏教のおもなちがい

出家について

●大乗仏教
出家しないでふだんの生活をしながらでも、お経を読むなど努力をすればいいという宗派が多く、出家者は少ない。

●上座部仏教
出家をとてもたいせつにして、基本的には出家をしなければ、解脱はできないと考えられている。

お経について

●大乗仏教
ブッダの教えの意味を自分たちなりに理解してつくったお経（「般若経」「法華経」「阿弥陀経」など）をたいせつにする。

●上座部仏教
ブッダのいった言葉が何よりもたいせつとされている。そのため、お経のなかでもとくに古い、ブッダが実際に語ったことがおさめられているといわれる「ダンマパダ（法句経）」や「スッタニパータ（経集）」などをとくにだいじなお経としている。大乗仏教のお経はお経として認めていない。

小乗仏教　「小乗仏教」といういい方は、大乗仏教から見た一方的ないい方であるため、いまはこうよばずに「上座部仏教」とよぶ。
ブッダのいった言葉　ブッダは人びとに、パーリ語という言葉を話していたといわれている。上座部仏教のお経はすべてパーリ語で書かれている。

北へ伝わった大乗仏教

ふたつに分かれた仏教。
大乗仏教は中国に伝わり、そして日本にまで伝わってきました。
まず、大乗仏教の国ぐにについて見てみましょう。

中国の河南省、洛陽市にある龍門石窟。
5世紀400年あまりをかけてつくられた。

中国から日本にまで伝わった大乗仏教

中国

ヨーロッパと中国のあいだには、古くから貿易のために「シルクロード（絹の道）」とよばれる道が発達していました。大乗仏教も、1世紀ごろ中国に、シルクロードを通って伝えられました。

そのころは、インドの王朝が中央アジアまで領土を広げた時代でした。中央アジアから中国に僧がやってきて、お経を中国語（漢語）に訳し、中国仏教の成立に大きな役割をはたしました。

やがて、仏教は中国で広く受けいれられるようになり、3世紀ごろには、お経がどんどん中国語に訳されるようになりました。その後、インドの僧が中国にやってきたり、逆に中国の僧がインドにいって仏教を学んだりしました。

5世紀ごろまでには、洛陽や長安などの大きな都市で大乗仏教がさかんに信仰されるようになり、仏像やお寺がたくさんつくられ、敦煌や洛陽には、**巨大な石窟寺院**がつくられました。

大乗仏教は、中国でさらに発展していきます。天台宗や禅宗など中国で生まれた宗派も、日本に伝えられました。

日本で現在見られるお経のほとんどが、昔、中国で訳されたものです。なお中国の仏教には、約13の宗派があります。

巨大な石窟寺院　岩壁をくりぬき、そのなかに仏像をおいたり、壁に彫るなどして、寺院としたところ。

PART 2　仏教の広がり

中国の3人の高僧が旅した道すじ（5～7世紀）

- 法顕の行路（5世紀）
- 玄奘の行路（7世紀）
- 義浄の行路（7世紀）

「玄奘」とは、有名な『西遊記』に出てくる三蔵法師のこと。

朝鮮半島

朝鮮半島へは4世紀ごろ、中国から大乗仏教が伝えられました。そのころ朝鮮半島には、高句麗、新羅、百済という3つの国がありましたが、最初に高句麗にお経と仏像が伝えられ、その後、ほかの2つの国にも伝えられました。

仏教は、朝鮮半島でも熱心に信仰され、インドや中国まで仏教を学びにいく僧もたくさんいました。また、王にも熱心な信者があらわれ、そのなかでも百済の王は、日本に仏教をすすめるほどでした。

韓国の仏国寺。8世紀の新羅の時代にたてられたが、16世紀末に大半が焼失。下はブッダの誕生祭のようすで、中央にたつ多宝塔は建設当初からのこる貴重なもの。

日本

大乗仏教が日本に伝わったのは、6世紀のころです。はじめは、朝鮮半島を通って伝わってきました。

聖徳太子の時代になると、中国から直接、仏教が伝えられるようになり、日本にすっかり定着していきました。その後、さまざまな宗派が生まれ、それぞれが独自に発展していきます。

奈良時代（710〜784年）には、南都六宗とよばれる6つの宗派ができました。また、平安時代（8世紀末〜12世紀末）になると、「天台宗」と「真言宗」がはじめられ、日本の仏教の基礎がつくられました。しかし、そのころは天皇や貴族のあいだでは熱心に信仰されましたが、一般の人びとにはあまり広まりませんでした。

鎌倉時代（12世紀末〜14世紀）になると、法然や親鸞など、仏教の教えをより多くの人びとに伝えようとする僧がでてきて、一般の人びとにも仏教が広まりはじめました。

この時代には「浄土宗」「浄土真宗」「時宗」「日蓮宗」などが成立、さらに、中国から禅の宗派が入ってきて、たくさんの宗派ができました。また、このころには、日本国内にさまざまな宗派のお寺がつくられました。

写真は山口県にある瑠璃光寺の五重塔。

浄土宗を開いた法然の像。

浄土真宗をひらいた親鸞の像。

聖徳太子　574〜622年。推古天皇の時代に政治をおこない、仏教の布教に力をつくした。
天台宗　最澄が中国で学び、日本に広めた仏教の宗派。法華経を経典とする。
真言宗　空海（弘法大師）が中国の密教を日本に伝え、開いた仏教の宗派。
浄土宗　法然が開いた仏教の宗派。一心に「南無阿弥陀仏」ととなえさえすれば、だれもが救われると説いた。
浄土真宗　法然の弟子である、親鸞が開いた仏教の宗派。一向宗ともいう。
時宗　一遍が開いた仏教の宗派。踊り念仏によって全国に教えを広めた。
日蓮宗　日蓮が開いた仏教の宗派。南無妙法蓮華経をとなえさえすれば、だれもが救われると説いた。
中国から禅の宗派　栄西の臨済宗や、道元の曹洞宗のこと。

PART 2 仏教の広がり

■「南無南無……」ととなえればいい

平安時代のおわりから鎌倉時代にかけて、「浄土宗」や「浄土真宗」などが人びとの人気を集めました。なぜなら、こうした宗派では「念仏」をたくさんとなえれば、だれでも死後に極楽浄土にいくことができるという教えを説いていたからだといわれています。それまでの宗派では、きびしい戒律を守り、お経などを勉強しなければならなかったため、一般の人びとにとって、仏教はむずかしいものと考えられていたのです。

念仏では、「南無阿弥陀仏」が有名です。「南無阿弥陀仏」とは「あみだぶつさまにおすがりします」という意味です。「南無」は、よびかけの言葉です。

また、日蓮宗では「南無妙法蓮華経」という7文字の「題目」がとなえられています。これを口にすれば、経典を読むこととおなじ功徳をつむことができるといわれています。「南無妙法蓮華経」とは、「『法華経』というお経こそがすばらしい」という意味です。

■日本人がお寺に所属するようになったのは？

現在でも、多くの日本人は、どこかのお寺に先祖の墓をもっています。実は、これは江戸時代にはじめられた制度によるもので、もともとキリスト教が関係しています。

1500年代（戦国時代）になると、キリスト教も日本に伝わってきました。その後、キリスト教はだんだんと広がっていき、江戸時代になると、幕府がその力をおそれるほどになります。やがて、幕府はつよい力でキリスト教をおさえつけはじめます。信者を外国に追放したり殺したりしたのです。

そのため、人びとは自分がキリスト教徒ではなく、仏教徒であることを証明するために、信者としてかならずどこかのお寺に所属しなければならなくなりました。幕府が決めたこの制度を「寺請制度」といいます。このとき、だれがどのお寺に所属しているか記録した「宗門人別改帳」がつくられました。これは現在の「戸籍」や「マイナンバー」のようなものです。

こうして、日本人のほとんどが、どこかのお寺に所属するようになりました。

宗派によっていろいろちがう

日本に広まっていくなかで、仏教は、ブッダの教えのとらえ方のちがいなど、さまざまな理由でいくつかの宗派に分かれていきました。そして、現在ではおもに13の宗派があります。大乗仏教の教えをだいじにすることは、日本のすべての宗派で共通していることですが、だいじにするお経や、お寺の中心におく仏さま（本尊）がちがっています。また、**数珠の玉の数**やもち方など、こまかいこともふくめると、ずいぶんとちがいがあります。

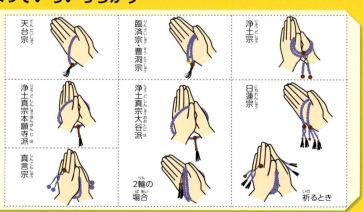

天台宗／臨済宗・曹洞宗／浄土宗／浄土真宗本願寺派／浄土真宗大谷派（2輪の場合）／日蓮宗（祈るとき）／真言宗

念仏 仏さまの名前や、お経の名前などをとなえること。
数珠の玉の数 数珠はお経を何回となえたかを数えるためのもの。玉の数は108個・54個・36個などがある。多くは108に関係した数でつくられているが、これは、人間は108つの煩悩をもつといわれることからきている。

仏教に由来する言葉

私たちがふだんつかっている言葉のなかにも、仏教に関係する言葉がたくさんあります。

ここで紹介するものはほんの一例で、ほかにもまだたくさんあるのです。

日本語のなかに見られる仏教

大乗仏教のお経は、もともとインドで、サンスクリット語（梵語）という言葉で書かれました。それが中国に伝わり、漢語に翻訳され、日本に伝わってきました。そして、仏教の言葉が日本語のなかにたくさん入りこみ、日常的にもつかわれるようになったのです。いくつか例を見てみましょう*。

*「日常佛教語」岩本裕著、中公新書を参考にした。

サンスクリット語（梵語）の音がのこされているもの

● 「かわら」
梵語では「カパーラ」。もともとは「皿」や「鉢」、「骸骨」といった意味。

● 「袈裟」
僧が着る服のこと。梵語では「カシャーヤ」といい、「黄褐色の」という意味。仏教徒が、質素な色としてこの色の衣をきていたが、そのうちにこの衣自体も「カシャーヤ」とよばれるようになった。中国や日本に伝わると着方がかわり、色も派手になった。

● 「〜ざんまい」
梵語では「サマーディ」。もともとは、熱心にお経をとなえることなど、ひとつのことに集中して、心をほかのことで動かされないことをいった。

● 「しゃり」
梵語では「シャリーラ」。もとは「からだ」や「骨格」という意味で、仏教ではとくにブッダの遺骨（仏舎利）のことをいう。日本で米のことを「しゃり」ということがあるが、これは色が似ているためにいわれるようになったと考えられている。

● 「だんな」
梵語では「ダーナ」。もともとは「贈り物」「お布施」の意味。僧が、寄付をしてくれる信者をこうよぶようになった。そして、主人を「だんなさま」とよぶときにもつかわれるようになっていった。

東南アジアの僧が着る袈裟は黄褐色だ（ミャンマーの少年僧）。

日本でつかわれている袈裟で、古代インドのものに近いもの。

意味から訳されたもの

- **「有頂天」**
仏教の宇宙観で、もっとも上に位置する場所を「有頂天」という。ここから、「有頂天になる」というのは、「ものごとがうまくいった喜びで夢中、得意になる」という意味になった。

- **「往生際が悪い」の「往生際」**
仏教で「死にぎわ」を「往生」ということから、「ものごとをはっきりと断念するさま」という意味になった。

- **「四苦八苦する」の「四苦八苦」**
ブッダは苦しみには、全部で8つの苦しみがあるといった。そこから「もがきくるしむ」といった意味になっていった。

- **「玄関」**
中国の禅宗では「禅を学ぶきっかけ」といった意味であったのが、日本に入ってきて「お寺の入口」という意味になっていき、だんだんふつうの家の入口も、こうよぶようになった。

- **「こじき」**
もともとは「食べ物を求める者」という意味で、これは出家者（僧）を意味した。古代インドでは、出家者は社会とははなれるべきだとされていたため、人びとに食べ物をもらって生活していた。この言葉が日本に入ると、出家者という意味がなくなり、ただ「物をもらう人」という意味になった。

- **「醍醐味」**
「醍醐」とは、ウシやヒツジの乳からつくられた、甘くこくのあるおいしい飲み物をいう。ブッダの教えのすばらしさを、醍醐のおいしさにたとえて「醍醐味」といった。現在では、ものごとの「ほんとうのおもしろさ」といった意味でつかわれている。

8つの苦しみ　「生老病死」（生きること、老いること、病気になること、死ぬこと）の4つと、「愛別離苦」（愛するものといつかは別れなければいけない苦しみ）、「怨憎会苦」（理由なくうらみやにくしみにあわなければいけない苦しみ）、「求不得苦」（求めるものを得られない苦しみ）、「五蘊盛苦」（人間のからだと心をかたちづくる要素から生じる苦しみ）の4つ。

「お盆休み」の「お盆」って？

夏休みの最中に、「お盆休み」という言葉をきいたことはないでしょうか。

「お盆」は、正式には「盂蘭盆会」といい、7月15日*を中心におこなわれる、先祖の霊の幸福を祈る仏教の行事のことです。

中国で7月15日におこなわれていた、死者の霊を供養するための仏教行事と、もともと日本で7月におこなわれていた先祖の霊をまつる行事がまじりあい、現在のような行事になったといわれています。

お盆の時期には、それぞれの家に先祖の霊が帰ってくるとされているため、お盆がはじまる13日には、家や門の前で火をたいて先祖の霊をむかえます。16日（地方によっては15日）には、霊が帰っていくので、ふたたび家の前で火をたいて、道を照らします。このときに川や海に灯ろうや供え物を流す地方もあります。

*旧暦の7月15日前後、新暦の7月15日前後、新暦の8月15日前後におこなうところに分かれる。

チベット

チベットでは、古代から「ボン教」という独自の宗教が信じられていました。そこへ7世紀ごろ、ネパールと中国からふたりの王妃が嫁いだことにより大乗仏教が伝えられました。「ボン教」と仏教はしだいにまざりあっていき、8世紀にはチベット独自の仏教（「ラマ教」ともよばれる）に発展していきました。

このころには、インドではバラモン教やヒンドゥー教の影響を受けた仏教ができあがり、中国では中国独自の仏教ができあがっていました。各地に広まった仏教は別べつの変化をとげていたのです。そうしたなか、インドと中国のあいだにあるチベットはインドと中国から僧がむかえられ、仏教の教えをめぐって、議論がおこなわれる場となっていました。

そうしたなか8世紀には、インドの僧が中国の僧を議論でうちまかしたことがありました。そのためチベットでは、インドの仏教が正統な仏教として信仰されるようになりました。

ダライ・ラマ14世（写真右）はいまも、インドに亡命中。なお、チベット仏教は、ネパールやモンゴル、ブータンでも信じられている。

しかし、そのころのチベットの王朝「吐蕃」は仏教を保護しましたが、さいごの王は仏教が政治とむすびつくことをおそれ、おさえつけました。吐蕃が9世紀なかばにわかれてほろびると、11世紀にはふたたびチベット仏教がさかんになり、広く信仰されるようになりました。また、多くの宗派も生まれました。

チベット仏教の大きな特徴として、**観音菩薩**と「ダライ・ラマ」への信仰があげられます。

ダライ・ラマとは、もともとチベットにあるデープン寺というお寺の代表者で、観音菩薩の生まれかわりとして尊敬、信仰されてきました。チベット仏教の一派、グルク派のなかで16世紀に選ばれたのがはじまりで、1642年からは、宗教指導者であるとともに、**チベット全体の代表者**となりました。

チベットの僧たちが、色のついた砂でマンダラ（曼陀羅）をえがいているようす。マンダラとは、さとりの世界をあらわすものとしてえがかれる絵のことで、さまざまなほとけや神がえがかれる。どこにどの神やほとけをえがくかなどはこまかく決められている。完成したら儀式をおこない、マンダラをこわし、つぼに入れた色砂を川に流す決まりになっている。

観音菩薩　観世音、観自在菩薩などともいわれる。人びとをよく観察して見まもり、救ってくれる人という意味である。
チベット全体の代表者　ダライ・ラマ14世は、2011年に政府の代表からは引退。ダライ・ラマが政治と宗教両方の指導者につく歴史は終わった。

PART 2 仏教の広がり

お寺の前でお祈りをする仏教徒。

お寺の前でからだを投げだすようにして両ひざ、両ひじ、額の5か所を大地につけるこのお祈りのしかたは「五体投地」とよばれる。信仰心のあつい人は、これをくりかえしながら聖地にむかう。

　チベットは、1908年から、中国の清王朝に支配されましたが、清が1912年にほろぶと、第二次世界大戦が終わるまで、国家として独立をたもっていました。

　ところが、1949年に現在の中国（中華人民共和国）ができると、国家主席の毛沢東とダライ・ラマ14世とのあいだで、チベットの人びとの自治を認めながらも、チベットを中国の一部に組みいれる協定がむすばれました。

　ところが、中国共産党が、社会主義にもとづく政治をチベットでおこなったため、ダライ・ラマを頂点にした、宗教的な社会はこわれてしまいました。こうして、中国共産党に対するチベットの人びとの反発が高まり、1959年には、チベットのもっとも大きな都市ラサで暴動がおき、チベット各地に広まっていきました（チベット動乱）。中国はたくさんの軍隊をチベットに送り、暴動をおさえようとしました。

　ダライ・ラマ14世は、動乱のなかでチベットの独立を宣言しましたが、ラサが中国軍に制圧されていたため、チベット亡命政権をつくり、多くの人びとといっしょにインドへのがれました。

　その後、中国はかたちの上ではチベットの自治を認め、チベット自治区をつくりましたが、チベットの人びとの独立を求める運動はおさまらず、1988年、1989年、2008年には暴動がおきました。また、2011年ごろからは若い僧を中心に焼身自殺による抗議が各地でおこっています。けれども、チベットは、現在でも中国の一部であり、その状況はより悪くなっています（2016年現在）。

チベット仏教の仏具「マニ車」を手にした女性。マニ車を回すと、お経をとなえたのと同じ功徳があるとされる。

南へ伝わった上座部仏教

上座部仏教が伝わった国ぐにでは、
どんなふうに仏教が信仰されているのでしょうか。
いくつかの上座部仏教国を見てみましょう。

インドから東南アジアへ伝わった上座部仏教

インドでは、紀元前3世紀ごろマウリヤ朝が栄えていました。そのころ、**アショーカ王**が、現在のアフガニスタンにまで広がる広大な統一国家をつくりあげました。

アショーカ王は、はじめは武力によって領土を広げましたが、のちに仏教を信仰するようになり、「法（倫理）による政治」を理想にかかげるようになりました。そのため、仏教を保護し、その教えを広げようと各地に使者を送りました。

なかでも、スリランカに自分のむすこのマヒンダ王子と数人の使者をつかわし、上座部仏教を伝えると、その後、スリランカでおおいに受けいれられ、根づいていきました。そして、さらに海をわたって、ビルマ（現在のミャンマー）やタイを中心とした東南アジアの国ぐにへ伝わっていきました。

インドの仏教が13世紀にほろんでしまうと（→P21）、その後、上座部仏教の**総本山**はスリランカになりました。その後ミャンマーに上座部仏教が根づくと、スリランカから正統な上座部の教えを取りいれようとして、僧がスリランカへいくこともありました。

また、ミャンマーやタイから、正統な上座部仏教がスリランカに「逆輸入」されるということもおこりました。こうして上座部仏教は守られてきましたが、上座部仏教も、大乗仏教とおなじように、国によってそのようすはさまざまです。代表的な上座部仏教の国を見てみましょう。

34〜41ページで紹介する国ぐに

時代とともに仏教も旅をして変化していってるんだね。

アショーカ王 マウリヤ朝第3代の王（在位紀元前268年ごろ〜前232年ごろ）。
総本山 ある宗派をまとめる大もとの寺院のこと。たとえば、日本の真言宗の総本山は、和歌山県伊都郡高野町の高野山にある金剛峯寺。

PART 2 仏教の広がり

スリランカ

スリランカは、**人口の約70％が上座部仏教徒**です。スリランカには多くの民族がいますが、そのなかでも、おもに**シンハラ人**によって仏教が信仰されています。

まず、スリランカの僧は、本来の仏教の教えを守り結婚しません。

僧になったあと、僧をやめてふたたびふつうの生活にもどることを「還俗」といいますが、スリランカでは、還俗することは原則として認められておらず、よいことではないと考えられています。

■ペラヘラ祭

4世紀にインドから、ブッダの遺骨の一部としてブッダの歯がもたらされ、現在はスリランカ中南部のキャンディにある仏歯寺（ダラダ・マリガワ寺院）におさめられています。

このお寺を中心に、毎年7月または8月に月が新月から満月へかわる約2週間、ブッダの歯の入った容器を乗せたゾウが先頭になってねり歩くペラヘラ祭（シンハラ語で「行列」）が盛大におこなわれます。

仏歯寺。この寺院をふくむキャンディ市全体が、「聖地」として1988年世界遺産に登録された。

スリランカ北部にあるルワンワリサーヤ仏塔。紀元前2世紀ごろにたてられ、その後19世紀にいったんすたれたが、20世紀に再建された。

ペラヘラ祭のようす。着かざったゾウの背に、仏歯をおさめた仏舎利容器が乗せられている。ゾウは仏教で聖なる動物とされている。

人口の約70％が上座部仏教徒 ほかには、ヒンドゥー教（約10.0％）、イスラム教（約8.5％）、キリスト教徒（カトリック）（約11.3％）などが信仰されている。

シンハラ人 スリランカの人口のうち約73％をしめる民族。北インドからスリランカにやってきたといわれている。

お経の言葉により戦争賠償金を放棄

　第二次世界大戦では、日本はアジアの国ぐにを侵略、大きな被害をあたえました。そのため、終戦後、損害を受けた国ぐには、日本に対して賠償金を求める権利(請求権)をもちました。多くの国ぐにが、日本に対して賠償金を求めましたが、インド、ラオス、カンボジア、スリランカ、中国などは、日本に賠償金を求めませんでした。とくに、スリランカの当時の財務大臣ジャヤワルデナは、1951年のサンフランシスコ講和会議で、仏典『ダンマパダ』からつぎの言葉を引用して、日本に対する**賠償請求権を放棄**しました。

　「実にこの世において、うらみに報いるにうらみをもってしたならば、ついにうらみのやむことがない。うらみをすててこそやむ。」

　これは「うらみは、うらみかえすことをやめることによってのみ、なくなっていく」という意味です。

スリランカの民族紛争と宗教

　現在スリランカがある島には、紀元前550年ごろから、北インドからシンハラ人がわたってきて王国をたて、仏教の伝来とともに栄えていました。

　その後、南インドからヒンドゥー教徒のタミル人がわたってくるようになり、北部にはタミル人の国がいくつもできました。

　また、イギリスがスリランカ(当時のセイロン)を植民地として支配していたあいだ、イギリスにより、インドから、あらたにタミル人が紅茶やコーヒーのプランテーション(大農園)労働者として移住させられてきました。

　スリランカは、第二次世界大戦後の1948年に独立しますが、イギリスの支配が終わっても、植民地支配のもとで育った、英語を話す一部のシンハラ人やタミル人が権力をにぎりつづけました。こうしたことに、支配される側にいた多くのシンハラ人たちが、強い不満をもつようになりました。

　一方、その後シンハラ人が「シンハラ語」を国の唯一の公用語とし、1972年には、「仏教を第一の宗教とし、仏教を保護し育成することが国家の義務である」ということを憲法に定めました。そのため、今度は、タミル人のシンハラ人に対する不満が高まりました。こうして、シンハラ人とタミル人が対立するようになると、1970年代には問題を武力で解決しようとする過激派があらわれ、1990年代にはその対立がさらにはげしくなりました。スリランカの民族紛争は、支配する側とされる側の対立にはじまり、やがて民族どうしの対立に発展していったのです。

　もともと、スリランカでは仏教徒がヒンドゥー教のお寺にお参りにいったり、ヒンドゥー教徒が仏像に手をあわせたりする光景が見られるほど、ふたつの宗教は仲よく共存していました。ですから、宗教は当初、争いに関係していませんでしたが、シンハラ人とタミル人の対立が深まるにつれて、「シンハラ人＝仏教徒」、「タミル人＝ヒンドゥー教徒」というように、民族意識と宗教がむすびついていきました。その後、ながらく内戦状態が続いたスリランカですが、2008年に政府軍が過激派を掃討し、ようやく平和がもどってきました。

スリランカのヒンドゥー教寺院のゴープラム(塔になっている門)。

賠償請求権を放棄　日本への請求権を放棄した国の一部には、戦後「経済協力」というかたちでお金が支払われた。

ミャンマー

ミャンマーでは、**約90％の人が上座部仏教を信仰**しています。ミャンマーにも多くの民族がいますが、ビルマ族、モン族、シャン族がおもに仏教を信仰しています。

ミャンマーは、東南アジアの国ぐにのなかでいちばん早く、上座部仏教が広まった国です。11世紀に、ビルマ族がたてた**パガン朝**という王朝で受けいれられ、保護されました。この時代には、王や貴族によって、お寺や**仏塔**がつぎつぎとたてられました。

ミャンマーの仏教徒の男性は、一生に一度は出家して修行することがのぞましいとされています。男の子は10歳ぐらいになると、「シンビュー」とよばれる「得度式（出家式）」をおこないます。これは、男の子にとって、おとなになるためのたいせつな儀式です。髪の毛をそり出家して、1週間ほどお寺ですごします。

多くの場合、得度式といっしょに、女の子のための儀式もおこなわれます。耳たぶに穴をあける「穿耳式」ですが、これには仏教的な意味はほとんどなく、おとなになる儀式としておこなわれます。

おなじ上座部仏教国のスリランカでは、一度出家すると、還俗（→P35）はしないのがふつうですが、ミャンマーやタイでは、ある一定の期間、出家をしてお寺で修行をした後、還俗する（「一時出家」という）ことが一般的になっています。一度僧になっておけば、還俗してもその人は立派なおとなになって帰ってきたとみとめられます。

ミャンマーには「パゴダ」（ミャンマー語では「ゼーディー」）とよばれる仏塔がたくさんたてられている。ミャンマーには熱心な仏教徒が多く、お参りにくる人がたえない。

約90％の人が上座部仏教を信仰 ほかには、キリスト教やイスラム教などが信仰されている（CIA資料より）。
パガン朝 1044年、ビルマ族がたてた最初の統一王朝。1287年に元によってほろぼされた。
仏塔 ブッダや、尊敬を集めた僧の遺骨がおさめられた塔。

タイの首都バンコクにある仏教寺院ワット・アルン。タイをはじめ上座部仏教のお寺は、日本のお寺にくらべ、きらびやかな装飾が多い。

タイ

タイでは、**人口の約94％が上座部仏教の信者**です。出家をすることがとても重要とされているので、タイの男性の多くは、若いうちに一度はお寺で修行をします。一生を修行にささげる僧のほか、一定期間だけ修行をして還俗する（→P35）僧もいます。

人びとは、身内が出家することをとてもほこらしく思います。

出家した僧は、**お布施**で生活します。一般の人びとは、早朝から町中をまわってくる僧に、米などを寄付します。

タイの町なかでは、黄褐色の袈裟を着たお坊さんに、人びとが両手をあわせて敬意を示しているすがたをよく見かけます。タイでは、僧はとても尊敬されているのです。

タイに首都バンコクでのソンクラーン（→右ページ）のようす。多くの人びとが僧に寄付をしている。

■タイのお寺

タイ国内には、ほとんどの町や村にお寺があり、その数は、3万以上ともいわれています。

お寺は徳をつむ（よいおこないをする）場所であり、**墓をつくる習慣がない**タイでは、お寺は先祖を供養するところでもあります。

タイのお寺は、金ぱくをはった屋根の先がピンと空にはりだし、南国のつよい日光を受けて輝いています。日本のお寺にくらべると、その派手さが対照的です。

人口の約94％が上座部仏教の信者 ほかにはイスラム教（5％）なども信仰されている。
お布施 僧に寄付としてわたされる食べ物や品物、お金のこと。
墓をつくる習慣がない 遺体は火葬され、小さな容器に入れられて、お寺の仏塔のなかにおさめられる。

PART 2　仏教の広がり

■タイのお正月「ソンクラーン」

　タイには正月が3回あるといわれています。最初の正月は1月1日。この日は祝日で、タイの人びとは、日本人が神社に初もうでにいくように、お寺にお参りにいきます。

　2回目は、タイに住んでいる中国系の人びとの正月「トルッチーン」です。旧暦の1月1日ですが、日本の暦では、1月下旬から2月の上旬にあたります（月の満ち欠けをもとにした暦なので、毎年日程が変わる）。

　3回目は、タイ語で「ソンクラーン」といわれる伝統的なタイの正月で、毎年4月13日から15日ごろです。仏教とかかわりの深い行事がたくさんおこなわれます。

　たとえば、人びとはこの期間、毎日お坊さんに食事をささげます。13日の午後には、お寺で仏像を洗いきよめる行事がおこなわれます。14日には、人びとは尊敬するお年よりをたず

水かけ祭のパレード。仏像ののった車が通ると、人びとは競って水をかける。この写真からは、人びとが水をかけあっているようすと、女性が僧に手をあわせて敬意をあらわしているようすがうかがえる。

ねて、おじいさんやおばあさんの手に香りのついた水を注いで清めます。これは尊敬の気持ちをあらわすと同時に、注いだ人の罪が洗いながされたり、注がれた人が若がえったりするという意味もあるといわれています。

　13日の午後、仏像を洗う行事のあとからは、「水かけ祭」がはじまります。仏像や僧、お年よりなどに静かに水をかけて、尊敬や祝福の気持ちをあらわします。また、バケツや洗面器や水鉄砲をもった若い世代が人を追いかけ、だれでもかまわずに水をかけて楽しみます。

はげしく水をかけられる車。

左のいちばん下の写真は、ラオスのものです。このお祭りは、タイだけではなく、上座部仏教が広まったミャンマー、カンボジア、ラオスでも祝われているのです。

アンコール・ワット。1992年に世界遺産に登録され、現在では有名な観光地となっている。

カンボジア

東南アジアには、1世紀ごろからインド人がやってきて、インドの文化を伝え、大きな影響をあたえました。

現在のカンボジアがある地域には、インド文化の影響を受けたクメール人が、1～2世紀ごろからメコン川の下流に国をたて、9世紀には「アンコール王朝」をひらいて繁栄しました。この王朝では、大乗仏教とヒンドゥー教のまざった宗教が信じられており、「アンコール・ワット」に代表される壮大な寺院がたてられました。アンコール朝がもっとも栄えた13世紀には、インドシナ半島のほぼ全域を支配し15世紀までつづきましたが、それ以降、タイとベトナムにせめこまれて領土をとられてしまいました。

その後、ヒンドゥー教と大乗仏教はほろび、かわって上座部仏教がだんだんと広まっていきました。上座部仏教が伝えられたいきさつは、はっきりしていませんが、12世紀ごろまでに、タイから伝えられたという説が有力です。

1863年になると、アジアに侵出してきたフランスの保護国とされましたが、1953年に「カンボジア王国」としてふたたび独立をはたしました。

その約20年後の1975年、ポル・ポト政権ができると、カンボジアの上座部仏教にとって最大の危機がおとずれます。ポル・ポト政権は宗教を認めず、お寺を破壊したり、僧をお寺から追放したりしました。1979年にこの政権がたおれ、「カンボジア人民共和国」となると、お寺の再建と僧の復職が進みました。現在では人口の97％が上座部仏教徒です。

インドネシア

現在のインドネシアがある地域には、7世紀にシュリーヴィジャヤという王国がおこり、海の交通に重要なマラッカ海峡を支配し、発展しました。その後、いくつかの王国が、ジャワ島の中部や東部にできましたが、13世紀までは、これらの国ぐにで大乗仏教やヒンドゥー教が信仰されていたことがわかっています。

ところが、13世紀末に、商人たちによってスマトラ島の北西端にイスラム教が伝えられ、ほかの島じまにもどんどん広められていくと、大乗仏教はしだいに力をうしない、16世紀ごろまでにはインドネシアからなくなってしまいました（バリ島のヒンドゥー教→右ページ）。

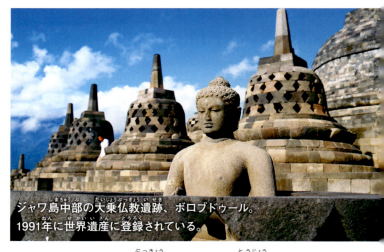

ジャワ島中部の大乗仏教遺跡、ボロブドゥール。1991年に世界遺産に登録されている。

インドネシアで仏教がふたたび登場するのは1930年代です。ミャンマー、タイなどから上座部仏教がもたらされ、おもに中国系の人びとに信仰されるようになりました。現在、インドネシアの人口の約1％が仏教を信仰しています。

ヒンドゥー教の島　バリ島

インドネシアは、たくさんの島じまからなる国です。40ページで紹介したように、かつてはジャワ島などに大乗仏教やヒンドゥー教が伝わり発展していましたが、現在ではイスラム教が信仰されています。

けれども、インドネシアのなかでたったひとつ、現在でもヒンドゥー教の信仰がのこっている島があります。ジャワ島のとなりのバリ島です（→P34地図）。

ヒンドゥー教が、いつからバリ島にもともとあった宗教とまざりあい、大きな影響をおよぼしはじめたのかは、はっきりとはわかっていません。けれども、9世紀末にはヒンドゥー教がバリ島で非常にたいせつなものになっていたことは、のこされた碑文からうかがえます。

13世紀末、ジャワ島にマジャパイト王国がおこり、1343年にはバリ島を征服しました。この国はヒンドゥー教の国だったために、バリ島ではヒンドゥー教がさらに広まりました。16世紀はじめに、マジャパイト王国はイスラム教の勢力によってほろぼされますが、バリ島は、20世紀はじめまで、北部をのぞいて独立をたもちつづけました。

その後、香辛料など、ヨーロッパにないものを求めて、オランダ人がインドネシアにやってきました。オランダは、1908年にはバリ島を完全に支配するようになります。けれど、ヒンドゥー教をふくむバリの文化をなくすのではなく、のこしつつ利用する政策をおこないました。そのため、バリ島の人びとはヒンドゥー教を守りつづけることができ、現在にいたっているのです。

バリ島のヒンドゥー教寺院。女性たちは神へのおそなえものを頭に乗せている。

碑文　後世に伝えるために、石に文をきざんでたてたもの。この9世紀のものは、バリ島の最古のもの。

PART 3 日本の宗教についてもっと知ろう

日本独自の宗教　神道とは

日本には、仏教が伝わってくる前から
「神道」という宗教がありました。
日本の独自の宗教である神道について紹介しましょう。

神道ってどんな宗教？

「神道」とは、仏教が伝わるよりも前から日本にあった、日本独自の宗教です。神道では、大自然のあらゆるところに、神がみがやどっているとされています。そのため、「この世をつくりだした唯一の神がいる」と考えるキリスト教やイスラム教などの「一神教」とはちがって、大勢の神がいる（「多神教」とよぶ）と考えられています。自然を神としているところや、神が大勢いるところは、ヒンドゥー教（→P21）と似ています。

神社は、「神道」の神がみがまつられているところで、神社によって、さまざまな神がまつられています。たとえば、島根県出雲市の出雲大社では、大国主命という神がまつられています。また、日本各地にある八坂神社や氷川神社では、須佐之男命がまつられています。

大勢の神がみがいるなかで、天照大御神が最高神とされています。天照大御神は、三重県伊勢市の伊勢神宮にまつられています。

「千と千尋の神隠し」は神道の世界

宮崎駿監督の映画「千と千尋の神隠し」には、神道の世界がえがかれています。

主人公の千尋が働くことになった湯屋は、神道の八百万の神がつかれをいやしにくるところで、さまざまなすがたをした神がやってきます。神道では「みそぎ」といって、汚れをきれいにするということを重要視しますが、この映画でも、そのことを示す場面があります。ほかにも神道からヒントを得たと思われる場面があります。

この映画は世界各国で上映され、海外でも高く評価されました。神道の世界が海外に紹介されたといえるでしょう。

島根県出雲市にある出雲大社の本殿。ここに大国主命がまつられている。神社建築では、日本最古の建築様式でたてられており、国宝に指定されている。

PART 3 日本の宗教についてもっと知ろう

人間も神になる

神道では、人間も神になります。「天満宮」という名前のついた神社は、平安時代の学者でもあり政治家でもあった菅原道真をまつっています。また、栃木県日光市の日光東照宮には徳川家康が、滋賀県長浜市の豊国神社には豊臣秀吉がまつられています。

神道は、古くから信仰されていて、日本人のくらしのなかに根づいていたために、「宗教」として意識されたことはあまりありませんでした。宗教として認識されるようになったのは、6世紀に仏教が日本に伝わってきてからだといわれています。

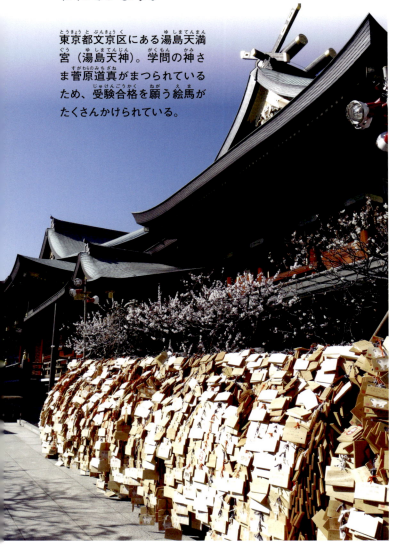

東京都文京区にある湯島天満宮（湯島天神）。学問の神さま菅原道真がまつられているため、受験合格を願う絵馬がたくさんかけられている。

神道の世界観

キリスト教やイスラム教では、人は死後に「最後の審判」を受けて、天国へいくか地獄へいくかが決められるとしています。また、仏教でも、天上や地獄道という考え方があります（→P19）。それでは、神道ではどうでしょうか。

神道では、高天原、葦原中国、黄泉国という世界があるとされており、それぞれ、天上、地上、地下にあたります。生きかえることを「よみがえる」といいますが、これは「黄泉国から帰る」という意味なのです。

神道の考え方では、生きている人間は肉体と魂がいっしょになっていますが、死ぬと、魂が肉体からはなれます。肉体からはなれた魂をほうっておくと、「たたり」をおこすおそれがあるので、これをまつるのです。

また、神道では、神と先祖に感謝して、すみきった心をもち、人のために奉仕をしながら生きることが、よく生きることだとされています。

自然から生まれた宗教

日本は、昔から海や山など、豊かな自然にめぐまれていました。四季のうつりかわりがあり、水不足になやむことも少なく、人びとは「自然があるからこそ自分たちが生きていくことができる」と考えてきました。そして、自然への感謝の気持ちから、「自然界のそこかしこに神がやどっている」という信仰が生まれたのです。

仏教やヒンドゥー教も、インドの大自然のなかから生まれた宗教であるため、自然や自然現象を神として、さまざまな神が信仰されています。

それに対して、キリスト教やイスラム教が生まれた土地は、水の少ない砂漠地帯でした。そうしたきびしい大自然のもとでは、「人間をこえたきびしい神が世界を動かしている」という宗教観が生まれやすかったと考えられています。

日本人は宗教を気にしない?

最後に、私たち現代に生きる日本人の宗教に対する考え方を見てみましょう。どんな特徴があるのでしょうか。

宗教を意識しない国民

現代の日本人の多くは、宗教をあまり気にかけていません。しかし、外国人から見ると、そうした日本人がふしぎに感じられるのです。また、日本人は「何か宗教を信仰していますか?」と問われると、多くの人が「無宗教」「何も信仰していない」と答えます。信じる宗教がないというのも、外国の人にとっては理解できないことのようです。ときには、「道徳心のない人」「危険な人」などと思われることもあります。

しかし、日本人はこれまで、どんな宗教に対しても、その宗教を信じる人たちがたいせつにしているものや心を、簡単にこわすようなことはしてきませんでした。

この点、世界では、ある宗教をもつ人びとが、ほかの宗教をもつ人びとのたいせつなもの(教会や経典、像など)を破壊するというようなことが、これまでの歴史のなかでたびたびありました。

日本人は無意識のうちに、さまざまな宗教に関係した行事に親しんでいる。

PART 3 日本の宗教についてもっと知ろう

たしかに、江戸時代、キリスト教が広がることをふせぐために、キリスト教信者へのきびしい取りしまりがおこなわれた歴史もあります。しかし、それは、ときの権力者がおこなったことで、一般の人びとがおこなったことではありません。

自然のさまざまなところに神がみがいるという、神道の考えが根づいている日本。そこには、いろいろなものを受けいれることのできる寛容さ（心の広さ）があります。世界には、宗教が原因でいまも争いつづけている地域がたくさんありますが、日本では、宗教のちがいによる殺しあいは、外国とくらべてあまりおきなかったといってよいでしょう。

政治と宗教をむすびつけていない日本人だから、宗教のちがいによっておきている国際紛争を解決するためにできることがあるかもしれないね。

氏子であり檀家でもある日本人

まず、右の表を見てください。

これは、文化庁が2015年に発表した資料です。日本にはどんな宗教があり、どのくらいの人に信じられているかをあらわしています。

信者数の合計を見てください。「1億9021万人」となっています。ところが、当時の日本の人口は、約1億2700万人*でした。なぜ人口より多くなっているのでしょうか。

この統計は、神社やお寺へのアンケートからつくられています。神社は神社の信者（氏子という）の数を答え、お寺は自分のところに所属している信者（檀家）の数を答えますが、神社の氏子でもあり、お寺の檀家でもある日本人がたくさんいるのです。

日本のほとんどの家庭では、子どもが生まれたらお宮（神社）参りにいき、七五三で神社にいきます。葬式はお寺でおこなう人が多く、また近年では多くの人が、結婚式はキリスト教式でおこないます。日本人がいかに宗教にこだわらないかということが、この表からもわかります。

*平成27年国勢調査より。

■日本の主な宗教とその信者の数

文化庁「宗教統計調査」（2014年12月31日現在）より

系統	団体数	信者数	教師数
神道	81,237	92,168,614	81,106
仏教系	85,128	87,126,192	367,302
キリスト教系	9,294	1,951,381	3,539
諸教	36,181	8,973,675	202,069
総数	219,075	190,219,862	685,867

全巻さくいん

仏 仏教　イ イスラム教　キ キリスト教　ア アメリカの宗教

あ行

- アーミッシュ ア22
- IS イ3, 42, 43
- アイルランド（系） ア16, 21
- アジア 仏3, 9, 17, 24, 36, 40, イ22, キ6, 32, 34, 35, 36, 38, 39, 41, ア15
- アダムとエバ イ12, キ10, 14, ア28, 29
- アッラー イ6, 12, 14, 16, 18, 22, 32, 41, キ13
- アフガニスタン 仏34, イ25, ア44
- アブラハム イ23, 38, キ14, ア36
- アフリカ キ32, 40, ア38, 40
- アメリカ イ30, 33, 37, 40, 43, 44, キ29, 32, 35, 37, 38, 41, ア2, 3, 6, 7, 8, 9, 10, 11, 12, 13, 14, 15, 16, 18, 19, 20, 21, 22, 23, 24, 25, 26, 27, 28, 30, 31, 32, 33, 34, 36, 37, 38, 39, 41, 42, 44, 45
- アラビア語 イ6, 8, 10, 18, 23, キ17
- アラビア文字 イ10, 20, 26, 31
- アラブ人 イ34, 35, 36, キ16
- アルカイダ ア44, 45
- イエス（・キリスト） イ12, 15, 20, 23, 35, 39, キ6, 7, 8, 9, 10, 12, 15, 16, 18, 20, 21, 22, 23, 26, ア9, 13, 14, 20, 22, 23, 25, 33, 42
- イエズス会 キ33, 34, 35, 36, 37
- イギリス 仏36, イ30, 33, 35, 43, キ27, 28, 29, 34, 40, 41, ア8, 9, 10, 16, 20, 37, 45
- イギリス国教会 キ28, 41, ア9, 10, 20, 24
- イスラエル イ33, 34, 36, 37, キ6, 11, 14, 16, 17, ア36, 37, 38
- イスラム教 仏18, 19, 21, 35, 37, 38, 40, 41, 42, 43, イ2, 3, 6, 8, 9, 10, 12, 14, 15, 16, 17, 18, 20, 22, 23, 24, 25, 26, 27, 28, 29, 30, 31, 32, 33, 36, 38, 39, 40, 41, 42, 44, 45, キ12, 13, 16, 24, 34, 40, ア14, 15, 32, 38, 39, 40, 44, 45
- イスラム教徒 イ3, 6, 9, 10, 11, 13, 14, 16, 17, 20, 24, 25, 26, 28, 29, 31, 32, 33, 34, 35, 36, 39, 40, 41, 44, キ16, 25, 32, 34, 40, ア14, 37, 38, 43, 45
- イスラム原理主義 イ40, 41, ア44, 45
- イスラム国 イ3, 42
- イスラム法学者 イ30, 32
- イタリア キ22, 32, ア20
- 一神教 仏42, イ25, ア15
- 一夫多妻 イ23
- イマーム（指導者） イ21
- イラク イ25, 26, 28, 36, 42, 43, キ17, ア45
- イラン イ25, 26, 28, 30, 37
- 岩のドーム イ39
- インド 仏3, 6, 7, 8, 9, 11, 12, 16, 18, 20, 21, 23, 24, 25, 26, 27, 30, 32, 33, 34, 35, 36, 40, 43, イ25, 31, キ33, 34, ア6
- インドネシア 仏40, 41, イ18, 25, 31, 32, キ33, 34
- ヴァチカン市国 キ30
- エルサレム イ26, 35, 36, 37, 38, 39, キ14, 16, 22, 24, 25, ア33, 36
- オーストラリア キ41
- お経 仏10, 14, 24, 25, 26, 27, 29, 30, 33, 36
- オスマン帝国 イ27, 31, 35, 45, キ30, 31
- オランダ 仏41, キ34, 38

か行

- カースト制度 仏11, 20, 21, イ25
- カーバ神殿 イ3, 17
- 改宗 仏21, イ9, 24, 33, キ38
- 戒律 仏13, 29, イ14, 18, 33
- カトリック 仏35, キ3, 8, 19, 20, 21, 22, 27, 28, 30, 31, 33, 34, 35, 36, 37, 39, 40, 41, 43, ア7, 10, 16, 20, 21
- カトリック教会 キ18, 23, 27, 28, 30, 33, ア9, 30
- カナンの地 キ34, 35, キ11, 14, ア36, 37
- カルヴァン キ27, ア20
- 感謝祭 ア13
- カンボジア 仏36, 39, 40
- 喜捨（寄付） イ14, 17
- 救世主 イ12, キ6, 7, 12, ア14
- 9.11アメリカ同時多発テロ イ40, ア3, 44
- 旧約聖書 イ22, 23, 39, キ10, 11, 12, 13, 17, ア9, 15, 26, 29, 30
- 教会 仏44, イ20, 39, キ3, 11, 20, 21, 22, 23, 28, 30, 31, 35, 43, 44, 45, ア12, 17, 20, 21, 22, 41
- 経典 仏10, 20, 28, 29, 44, イ9, 14, 15, 22, 34, 35, キ7, 12, 13, 17, 30, ア9, 15, 23, 26, 36
- キリスト教 仏18, 19, 21, 29, 37, 42, 43, 45, イ2, 12, 15, 19, 20, 22, 23, 24, 26, 31, 33, 36, 38, キ2, 3, 6, 7, 10, 11, 12, 13, 14, 15, 16, 18, 19, 20, 21, 22, 23, 24, 25, 26, 27, 30, 31, 32, 33, 34, 35, 36, 37, 38, 39, 40, 41, 42, 43, 44, 45, ア3, 7, 8, 9, 10, 11, 12, 14, 15, 16, 17, 18, 20, 21, 22, 23, 24, 25, 26, 27, 28, 29, 30, 31, 38, 39, 40, 41, 42, 45
- キリスト教原理主義者 ア19, 24, 26, 29, 30
- キリスト教徒 仏29, 35, イ22, 24, 26, 33, 35, 39, 40, キ3, 6, 13, 16, 21, 23, 24, 25, 31, 33, 35, 37, 38, 41, 42, 43, ア7, 8, 11, 12, 14, 15, 17, 18, 19, 21, 25, 32, 33, 38, 42
- キング牧師 ア40, 41
- クウェーカー教徒 ア10
- クウェート イ32
- 偶像崇拝 イ8, 14, 19, 28
- クリスマス キ18, 19, ア13, 42
- 解脱 仏17, 18, 19, 25
- 結婚 仏7, 20, 35, イ7, 13, キ19, 28, ア21, 27
- 還俗 仏35, 37, 38
- コーラン イ9, 10, 11, 12, 13, 15, 18, 19, 21, 22, 23, 24, 28, 29, 30, 41, キ13, ア15
- 国際連合（国連） イ35, 36, キ16, ア37
- 黒人 イ33, ア6, 38, 39, 40, 41, 45
- 黒人解放運動 ア40
- 極楽浄土 仏19, 29
- 国教 イ31, 44, キ23, ア10, 11, 14, 20

さ行

- 最後の審判 仏19, 43, イ12, 13, 15, キ11
- 最後の晩餐 キ20
- サウジアラビア イ3, 6, 7, 29, 32, キ17
- さとり 仏6, 9, 10, 11, 13, 17, 18, 22, 32
- サンスクリット語（梵語） 仏6, 24, 30
- サンタクロース キ19
- シーア派 イ28
- シオニズム運動 イ35, キ16, ア36
- シク教 イ25, 33
- 地獄 仏19, 43, イ13, 15, キ11, ア7
- 自然 仏2, 20, 42, 43, 45, イ2, キ2, 10, 40, 41, ア2, 29
- 十戒 キ11
- ジハード（聖戦） イ41
- 自爆テロ イ40, ア44
- 社会主義 仏33, キ31, 36, 37
- 宗教改革 キ27, 28, 33, ア20, 21, 22
- 宗教保守派 ア24, 25, 26, 27
- 十字架 イ20, 33, 35, 39, キ7, 15, 16, 23, ア13, 33
- 十字軍 イ26, キ24, 25, 32
- 儒教 キ35, 37
- 出家 仏8, 24, 25, 37, 38
- 巡礼 イ9, 14, 17, 29
- 上座部仏教 仏25, 34, 37, 38, 39, 40
- ジョージ・ブッシュ ア17, 19, 25, 45
- ジョージ・ワシントン ア13
- ジョン・F・ケネディ ア16
- 進化論 ア28, 29, 30
- 神社 仏39, 42, 45
- 人種 仏17, ア7, 32, 40, 45
- 神道 仏3, 42, 43, 45
- 神父 キ19, 21, 26, 32, ア20, 21
- 新約聖書 イ15, 22, 23, キ6, 7, 8, 12, 13, 15, 18, ア9, 25, 26
- スイス キ27, ア20, 22, 27
- スコープス（モンキー）裁判 ア28

スペイン	キ26, 34, 35, 38, 39
スリランカ	仏34, 35, 36, 37, キ33
スンニ派	イ28, 42
政教分離	ア11
聖書	イ12, 15, 22, 23, 34, 38, キ8, 10, 12, 13, 14, 17, 26, 27, 31, 44, ア3, 9, 15, 19, 21, 23, 24, 26, 27, 36
聖遷（ヒジュラ）	イ8
聖体拝領	キ20
聖地	仏9, 21, イ3, 16, 17, 27, 29, 36, 38, キ16, 24, ア40
聖墳墓教会	イ39, キ16
宣教師	キ32, 33, 34, 35, 36, 37, 38, 41, ア23
先住民	キ39, 40, 41, ア6, 9
宣誓	ア3, 11
洗礼式	キ21, ア12
僧	仏9, 24, 26, 27, 28, 30, 31, 32, 33, 34, 35, 37, 38, 39, 40
総本山	仏34

た行

タイ	仏3, 6, 34, 37, 38, 39, 40
韓国	キ37
大航海時代	キ32
大乗仏教	仏19, 25, 26, 27, 28, 29, 30, 32, 34, 40, 41
多神教	仏20, 21, 42, イ8, ア15
ダライ・ラマ	仏32, 33
断食	イ14, 16
チベット	仏32, 33
チベット動乱	仏33
中国	仏6, 22, 23, 25, 26, 27, 28, 30, 31, 32, 33, 36, キ33, 35, 36, 37, 38, ア37
中東	イ24, 33, 35, 42, ア38
中東戦争	イ36, キ17
朝鮮半島	仏25, 27, 28, キ37
朝鮮民主主義人民共和国（北朝鮮）	キ37
寺請制度	仏29
天国	仏19, 43, イ13, 14, 41, キ11
天上	仏16, 19, 43
天地創造	イ12, キ10
ドイツ	イ33, キ18, 26, 27, 28, 30, ア16, 20, 22, 33
同性婚	ア25, 26, 27
東方正教会	キ18, 20, 23, 27, 30, 31, 43, ア20
トルコ	イ26, 27, 30, 31, 32, 33

な行

嘆きの壁	イ38, 39, キ16
ナチス・ドイツ	イ35, 36, キ16, ア33
日本	仏2, 3, 6, 7, 25, 26, 27, 28, 29, 30, 31, 34, 36, 38, 39, 42, 43, 45, イ18, 24, 42, 43, 44, キ8, 33, 37, 38, 43
妊娠中絶	ア25, 26
ネイション・オブ・イスラム	ア39, 40
ネイティブアメリカン（インディアン）	ア6, 9, 13
ネパール	仏7, 9, 32
涅槃	仏10
念仏	仏29

は行

パウロ	キ22, 23, 31, ア21
パキスタン	仏8, 25, イ25, 32, 33
ハディース	イ9, 11, 29, 30
バラモン教	仏11, 16, 20, 21, 32
パレスチナ	イ34, 35, 36, 37, キ14, 16, 17, ア36, 37
パレスチナ人	イ36, 37, キ16, 17, ア37
PLO（パレスチナ解放機構）	イ37, キ17
東ローマ（ビザンツ）帝国	イ26, キ23, 30
ピューリタン	キ27, 29, 34, ア9, 10, 13, 16, 20, 21
ヒンドゥー教	仏3, 16, 20, 21, 22, 23, 32, 35, 36, 40, 41, 42, 43, イ25, 31, キ34, ア15
フィリピン	キ35
福音主義者	ア24
福音書	キ7, ア25
豚肉	イ14, 18
仏教	仏2, 3, 6, 9, 10, 14, 16, 17, 18, 19, 20, 21, 22, 23, 24, 25, 26, 27, 28, 29, 30, 31, 32, 34, 35, 36, 37, 39, 40, 42, 43, イ19, 20, 25, 31, キ37, 38, ア15
仏教徒	仏9, 29, 30, 36, 37, キ35, 37
仏像	仏26, 27, 36, 39, イ20
ブッダ	仏6, 7, 8, 9, 10, 11, 12, 13, 14, 15, 16, 17, 18, 21, 22, 24, 25, 27, 29, 30, 31, 35, 37
ブラジル	キ39
フランシスコ・ザビエル	キ33, 38
フランス	仏40, イ33, 35, キ30, 35, ア20, 37
プロテスタント	キ8, 21, 27, 33, 34, 35, 37, 41, ア7, 9, 16, 17, 20, 21, 22, 24, 30
ペテロ	キ22, 23, 31
ベトナム	仏40, キ35
ヘンリー8世	キ28, ア9, 20
牧師	キ21, ア21, 22, 40, 41
ポルトガル	イ26, キ33, 34, 35, 38, 39, 40
煩悩	仏10, 15, 29

ま行

マリア	イ23, キ6, 31
マルコムX	ア39, 40, 41
マルティン・ルター（ルター）	キ26, 27, ア20
マレーシア	イ18, 32, キ33
ミサ	キ20, 21
南アメリカ	キ39, 43
ミャンマー	仏30, 34, 37, 39, 40
民族	仏3, 20, 35, 37, イ3, 9, 17, 22, キ6, 14, 15, 37, ア6, 7, 33, 45
ムスリム	イ6
ムハンマド	イ6, 7, 8, 9, 10, 11, 13, 15, 16, 17, 18, 21, 23, 28, 39, ア14
メイフラワー号	ア8, 9, 13
メッカ	イ3, 6, 7, 8, 9, 16, 17, 20, 22, 29, 39, ア40
メディナ	イ8, 9, 29
モーゼ	イ15, 23, キ11
モスク	イ20, 44
モルモン教	ア7, 22, 23

や行

ヤハウェ	キ14, ア32
ユダヤ教	イ9, 12, 15, 22, 23, 24, 31, 36, 38, キ6, 7, 8, 10, 11, 12, 13, 14, 16, 17, 30, ア7, 14, 15, 26, 32, 33, 36, 39, 43
ユダヤ教徒	イ22, 23, 34, 38, キ6, 7, 10, 12, 13, 14, 15, 20, 22, 25, ア14, 32, 37, 43
ユダヤ人	イ15, 23, 34, 35, 36, 37, 38, キ6, 11, 14, 15, 16, 17, ア32, 33, 34, 36, 37, 39
ヨーロッパ	仏26, 41, イ22, 24, 26, 27, 30, 31, 33, 35, 37, 40, 42, 44, キ3, 15, 18, 21, 23, 26, 27, 28, 32, 33, 34, 36, 38, 39, 40, 41, 44, 45, ア9, 20, 22, 33
預言者	イ6, 7, 8, 9, 14, 15, 19, 23, 28, 39, キ13, ア23

ら行

ラオス	仏36, 39
律法	イ15, 22, 23, 34, 38, キ8, 9, 12, 14, 15, 26, 36
輪廻	仏16, 17, 19, 21, 31, イ25
礼拝	イ11, 14, 16, 21, キ3, 21, ア12, 13, 42
ローマ・カトリック	キ3
ローマ帝国	イ34, 38, キ7, 14, 15, 22, 23, ア20, 33, 36
ローマ法王	キ3, 22, 24, 25, 26, 27, 31, 33, 36, 39, 45, ア21, 30
六信五行	イ14, 18
ロシア	キ30, 31, 43, ア37

わ行

WASP	ア16

■ **著者**

池上　彰（いけがみ　あきら）

1950年、長野県松本市生まれ。慶應義塾大学卒業後、1973（昭和48）年、NHKに記者として入局。1994（平成6）年から「週刊こどもニュース」キャスター。2005年3月にNHK退社後、現在ジャーナリストとして活躍。著書に『ニュースの現場で考える』（岩崎書店）、『そうだったのか！アメリカ』（集英社）、『相手に「伝わる」話し方』（講談社）、『池上彰の情報力』（ダイヤモンド社）ほか多数。

■ **表紙・本文デザイン／長江知子**

■ **編さん／こどもくらぶ（木矢恵梨子）**

「こどもくらぶ」はあそび・教育・福祉分野で、子どもに関する書籍を企画・編集するエヌ・アンド・エス企画編集室の愛称。小学生の投稿雑誌「こどもくらぶ」の誌名に由来。毎年約100タイトルを編集・制作している。

作品は「ジュニアサイエンス これならわかる！科学の基礎のキソ」（全7巻）「ジュニアサイエンス 南極から地球環境を考える」（全3巻、ともに丸善出版）など多数。

■ **制作・デザイン／株式会社エヌ・アンド・エス企画（石井友紀）**

※地名表記は『新編 中学校社会科地図』『楽しく学ぶ小学校の地図帳』（共に帝国書院）、宗教人口の数値は特に記載のない場合、外務省ホームページによる。

■ **イラスト／中野リョーコ**

■ **編集協力／古川博一**

■ **写真協力**

P3：© ake1150-Fotolia.com
P4、P37：Petr Zurek
P6：© jirawatp-Fotolia.com
P9（上中央）：© Ipohteh ¦ Dreamstime.com
P10（下）：© wirojsid-Fotolia.com
P10（中央右）：© Anandoart ¦ Dreamstime.com
P12（右下）：© Rafał Cichawa ¦ Dreamstime.com
P13（左下）：© Gaurav Masand ¦ Dreamstime.com
P17（右下）：© Svglass ¦ Dreamstime.com
P20：© Depositphotos.com/johnnydevil
P22（中央、中央下）、P23（中央上、中央、中央下）：仏像ドットコム（仏師 松田瑞雲）
P26：© Picattos ... ¦ Dreamstime.com
P27（中央）：© Knet2d ¦ Dreamstime.com
P27（右下）：© Hanhanpeggy ¦ Dreamstime.com
P32（左下）：© Vladimir Melnik ¦ Dreamstime.com
P32（右上）：© Lupoalb68 ¦ Dreamstime.com
P33（右上）：© Hungchungchih ¦ Dreamstime.com
P33（下）：© Fuyi ¦ Dreamstime.com
P32（右下）：© Hungchungchih ¦ Dreamstime.com
P35（3点）：© Brad Pict-Fotolia.com
P38（上）：Sejism-Fotolia.com
P38（中央）：© Mosaymay ¦ Dreamstime.com
P41：© Amadeustx ¦ Dreamstime.com
P42：© monjiro-Fotolia.com
P44：© Kusaya Daisuki（右上）/PIXTA

※上記以外の写真そばに記載のないものは、社内撮影分もしくはフリー画像など。

この本の情報は、2016年9月現在のものです。

池上彰のよくわかる世界の宗教
仏教

平成28年11月25日　発行

著者　池上　彰

編さん　こどもくらぶ

発行者　池田和博

発行所　丸善出版株式会社
〒101-0051 東京都千代田区神田神保町二丁目17番
編集：電話(03)3512-3265／FAX(03)3512-3272
営業：電話(03)3512-3256／FAX(03)3512-3270
http://pub.maruzen.co.jp/

© Akira Ikegami, 2016
組版・株式会社エヌ・アンド・エス企画／
印刷・富士美術印刷株式会社／製本・株式会社 松岳社

ISBN 978-4-621-30089-3　C 8315　　Printed in Japan
NDC180/48p/27.5cm×21cm

本書の無断複写は著作権法上での例外を除き禁じられています．